Frida Kahlo

by
Kristy Placido

Cover Art by
Irene Jimenez Casasnovas

Illustrated by
Christianna Meggert

edited by
Carol Gaab

Wayside PUBLISHING

WaysidePublishing.com
Freeport, Maine

ISBN: 978-1-940408-36-1

2 Stonewood Drive, Freeport, ME 04032

info@FluencyMatters.com • FluencyMatters.com

Nota de la autora

Admiro mucho a Frida Kahlo. Ha sido una de las artistas más importantes en el mundo, y uno de los personajes más célebres de México. Su vida es un ejemplo de cómo enfrentarse a las tragedias de la vida y vivir al máximo.

Frida revela su tragedia y su victoria a través de su arte. Era extremadamente humana y una persona extraordinaria a la vez. Espero que le guste su historia.

Note to the Reader

This biographical Comprehension-based™ reader is based on approximately 150 high-frequency words. It contains a *manageable* amount of vocabulary and numerous cognates (words that are similar in two languages), making it an ideal read for beginning language students.

All vocabulary is listed in the glossary at the back of the book. Keep in mind that many words are listed in the glossary more than once, as most appear throughout the book in various forms and/or tenses. (Ex.: he went, he goes; boy, boys, etc.) Vocabulary words and phrases that would be considered beyond a 'novice' level are footnoted within the text, and their meanings given at the bottom of the page where each occurs.

Frida Kahlo's life was as interesting and passionate as her art. We hope you enjoy reading her story.

Índice

Capítulo 1
Guillermo

Foto: Guillermo Kahlo
Una foto de Guillermo Kahlo en 1920

En 1890, la vida de Wilhelm Kahlo, un joven alemán de 19 años, no iba muy bien. Wilhelm se cayó y sufrió un trauma cerebral que le causó ataques epilépticos. Su madre murió y su padre se casó con otra mujer. Wilhelm no se llevaba bien con su madrastra. Para Wilhelm, su madrastra no era una mujer atractiva y tenía una personalidad terrible. Su madrastra nunca estaba contenta.

1

Un día Wilhelm entró a su casa y oyó a su madrastra hablando con su padre. Ella gritaba: «Ese joven no me respeta. ¡Tiene que respetarme porque soy su madrastra! ¡Necesita buscar un trabajo. ¡Necesita buscar a una esposa! ¡No puede ser un niño siempre! ¡Que se vaya ya! ¡No quiero que viva más en esta casa!». Su padre no le respondió y Wilhelm podía ver que su padre pensaba que su madrastra tenía razón.

Su padre decidió que el joven necesitaba irse. Le compró un pasaje de barco a México. Su padre le dijo: «Hijo, esta es una gran oportunidad para ti. Tú vas a

Foto: Detroit Publishing Company 1890s

El barco, que se llamaba La Bretagne, tenía la capacidad de llevar casi 1.000 pasajeros.

ver el mundo. Cuando me vuelvas a ver, ¡me vas a decir 'gracias'!». Lo que el padre no sabía era que no iba a volver a ver a su hijo. Wilhelm salió de Alemania en barco y llegó a México en 1891.

A Wilhelm le gustaba México. Un día, Wilhelm Kahlo entró en una joyería[1], buscando trabajo. En la joyería Wilhelm vio a una mujer muy atractiva. Wilhelm miró a la joven y le dijo: «Mucho gusto. Soy Wilhelm Kahlo, pero por favor llámeme Guillermo». (Guillermo es el equivalente de Wilhelm en español.) La joven respondió: «Buenos días, yo soy Matilde Calderón». Matilde era hija de madre española y padre mexicano. Su padre

[1]joyería - jewelry store

era fotógrafo.

Matilde pensó que Guillermo era un poco atractivo y cuando Matilde oyó su acento alemán, sintió emociones profundas. Al oír a Guillermo hablar con su acento alemán, Matilde sintió una avalancha de emociones. Guillermo vio tristeza en los ojos de Matilde pero no comprendió por qué. No tenía ni idea de

Foto: Guillermo Kahlo, 1897
Matilde Calderón

la tragedia que había ocurrido en la vida de la muchacha: su novio, Wilfried, un joven alemán, se suicidó en su presencia. Fue una tragedia increíble en su vida.

Como Wilfried, Guillermo hablaba perfectamente español y tenía un acento alemán adorable. Al mirar a Guillermo y al escucharlo, Matilde recordaba a Wilfried... Veía la imagen de su cadáver. Aunque ya no podía estar con Wilfried, él vivía en su memoria. Matilde sentía una atracción por Guillermo, pero ella no sabía que Guillermo ya tenía novia.

Capítulo 2
Dos familias

Guillermo tenía novia, María Cardena. Se casó con ella y tuvieron una hija. Poco después, tuvieron una segunda hija. La segunda hija murió. Guillermo estaba muy triste pero trabajaba mucho para no pensar en su tristeza. Le gustaba su trabajo y le gustaba trabajar con Matilde. Ella era una joven inteligente y muy religiosa. Aunque había tristeza en sus ojos, cuando oía la voz de Guillermo, se sentía contenta. Ellos hablaban mucho durante los días de trabajo, pero Guillermo nunca hablaba con Matilde sobre su vida personal. Matilde no sabía que

Guillermo tenía familia. Ellos se llevaban bien y eran buenos amigos.

María y Guillermo tuvieron otra hija, pero María murió en el parto[1]. La noche que su esposa María murió y lo dejó solo con dos pequeñas hijas, Guillermo fue a hablar con Matilde Calderón. No le dijo que su esposa había muerto, le dijo que quería que se casara con él. Guillermo le dijo: «Matilde, me gusta mucho trabajar contigo. Eres buena mujer. ¿Quieres casarte conmigo?».

Ella no estaba enamorada de él, pero le gustaba. Había una atracción y también, ella quería tener hijos porque ya tenía 24 años... (En los años 1890s, 24 años era una edad[2] avanzada para no tener esposo). Así que lo aceptó.

Foto: Guillermo Kahlo
Matilde Calderón y Guillermo Kahlo.

Poco tiempo después, Guillermo le dijo a Matilde que su esposa había muerto y que tenía dos hijas. ¡Ella

[1]*parto - delivery, childbirth*
[2]*edad - age*

6

se sorprendió! Matilde quería ser madre, pero no quería ser madre de las hijas de otra mujer. Matilde le dijo a Guillermo: «Amor, lo siento, pero no quiero ser madre de las hijas de María. Quiero tener hijos contigo. Quiero una familia contigo». Guillermo respondió: «Pero son mis hijas también». «Claro, Guillermo» Matilde le respondió. «Comprendo que son tus hijas. Ellas pueden vivir en el convento, y tú puedes visitarlas. No hay problema».

Guillermo no pensaba que era correcto abandonar a sus hijas, pero quería que Matilde se sintiera contenta. Así que las hijas de Guillermo y María se fueron a vivir en el convento y Guillermo empezó su nueva vida con Matilde.

Guillermo aprendió fotografía con la ayuda del padre de Matilde y empezó a trabajar como fotógrafo profesional. Trabajaba mucho para el gobierno[3] mexicano y también fotografiaba la arquitectura de México. Guillermo era un artista muy talentoso. Aprendió a poner color a sus fotos. También le gustaba pintar y frecuentemente pasaba el día pintando en el parque.

Aunque Matilde y Guillermo no tenían un matrimonio ideal, Guillermo construyó una casa en Coyoacán, un suburbio de la Ciudad de México. La casa se llamaba

[3]gobierno - government

'La Casa Azul'. En la Casa Azul, nacieron los cinco hijos de Matilde y Guillermo: Primero nacieron dos niñas, Matilde (Maty) y Adriana y luego nació un niño que murió a los pocos días.

En 1907, un año después de la muerte del bebé, nació Frida. Matilde todavía lloraba la muerte de su niño cuando nació Frida. Fue un tiempo muy difícil para la joven madre: Sufrió la muerte de un bebé, ya tenía tres niñas pequeñas y solo once (11) meses después, nació otra, Cristina. Matilde estaba muy triste y enferma y no podía cuidar a las niñas.

Foto: Guillermo Kahlo
Frida Kahlo a los dos años

Frida no tuvo una relación buena con su madre porque su madre no la cuidó mucho durante su infancia. Sin embargo, Frida tenía muy buena relación con su hermana Cristina. Ella era su mejor[4] amiga.

[4]*su mejor - her best*

8

Capítulo 3
Monstruos

Foto: Guillermo Kahlo
Frida Kahlo a los cuatro años

La madre de Frida era inteligente pero no tenía una educación formal. No sabía ni leer ni escribir. Ella se dedicó a cuidar a su casa. Ella trabajaba mucho y la casa siempre estaba bien cuidada. Era una mujer muy práctica y seria. El padre de Frida era un fotógrafo muy talentoso, pero en 1910 empezó la Revolución Mexicana y como

Guillermo Kahlo principalmente trabajaba para el gobierno cuando empezó la Revolución, él ya no tenía mucho trabajo. La familia empezó a tener muchos problemas financieros. Matilde Kahlo, que era experta en cuidar de la casa y del dinero, buscó maneras de resolver los problemas financieros. Tuvo que vender muchas de las posesiones de la familia. Por un tiempo, Matilde rentaba un dormitorio en la casa para ganar dinero extra.

Emiliano Zapata

Entre 1910 y 1919, Zapata fue una figura central en el movimiento revolucionario.

Matilde era una mujer muy religiosa. Como la mayoría de los mexicanos, era católica. Frida iba con su madre y sus hermanas a misa[1] todos los días. Frida no tomaba la misa muy en serio. Frida era una niña muy rebelde. Ella y su hermanita Cristina tenían clases de religión llamadas 'clases de catecismo'. Aunque necesitaban completar las clases para hacer su primera comunión,

[1]*misa - Mass (Catholic church service)*

Frida y Cristina no querían ir a las clases. Iban a las clases pero luego escapaban cuando las monjas[2] estaban distraídas. Mientras otros niños estudiaban la religión, Frida y Cristina jugaban y comían frutas en el jardín.

Ocasionalmente, Frida era un poco agresiva. Cuando era muy pequeña y estaba en el kínder, hubo un incidente:

Foto: Guillermo Kahlo
Frida Kahlo en su primera comunión

se hizo pipi en sus pantalones. Una niña en la clase tenía ropa extra y Frida tuvo que usarla. A la chica no le gustó que Frida usara su ropa. La niña le

[2]monjas - nuns

11

dijo: «Tú te hiciste pipi, tú eres una bebé». Frida decidió que no le gustaba esa niña.

¡Frida quería venganza! Así que un día Frida la vio caminando y ¡la atacó! Quería estrangular a la niña. Mientras Frida atacaba a la niña, un hombre que pasaba frente a ellas, vio el ataque y ayudó a la niña. Frida ya no pudo atacarla más. Frida no sabía que iba a tener que combatir monstruos mucho más agresivos que una niña en la escuela…

Cuando tenía seis años, Frida empezó a sentir un dolor[3] terrible en la pierna. El monstruo que atacaba a la

[3]dolor - pain

pequeña Frida se llamaba polio. Durante 9 meses Frida tuvo que recuperarse en cama. Estuvo en cuarentena[4] porque el virus era contagioso, por eso Frida no podía jugar con sus hermanas ni con sus amigos. Ella empezó a jugar con una amiga imaginaria durante ese tiempo. En su imaginación, Frida podía correr, jugar y viajar con su amiga. Su amiga estaba siempre con ella.

Durante este tiempo el padre de Frida se dedicó a cuidar a su hija. Era un buen padre. Aunque trabajaba mucho para ganar dinero para su familia, todas las noches, cuando volvía a casa trabajaba con Frida. La ayudaba a hacer ejercicios con la pierna y con el pie.

[4]*cuarentena - quarantine: isolation of an ill person so as not to expose others to their illness*

Capítulo 4
Pata de palo[1]

Después de 9 meses solitarios en la cama, Frida pudo volver a la escuela y a jugar con amigos no-imaginarios. El médico le dijo a su padre: «Frida necesita hacer mucho ejercicio. Necesita recuperarse. Es bueno que ella juegue, corra y monte en bicicleta». Aunque una de las piernas de Frida estaba deformada, eso no era un problema para ella. Podía jugar, correr y montar en bicicleta. Su padre insistió en que Frida jugara muchos deportes. Frida jugó al fútbol y también se convirtió en una nadadora[2] experta.

[1]pata de palo - pegleg
[2]nadadora - swimmer

Cuando montaba en bicicleta se sentía muy bien porque podía ir muy rápido. Un día, montando en su bicicleta en el parque, los otros niños la observaron y vieron la pequeña pierna y empezaron a gritar. «¡Mira la pierna de Frida! ¡Frida tiene pata de palo! ¡Frida es pirata con pata de palo! ¡La pirata monta en bicicleta!».

Aunque Frida se sentía triste, también se sentía furiosa cuando la llamaban 'Frida Kahlo, pata de palo'. Frida les gritó y les dijo palabras[3] terribles y muy vulgares a los otros niños. ¡No se puede escribir en este libro las palabras que Frida les gritó! ¡Su vocabulario era impresionante!

Frida no quería que nadie viera su pierna deformada, así que ella ocultaba[4] la deformidad con la ropa. Usaba pantalones, faldas[5] largas o calcetines[6] dobles para que los otros niños no le vieran la pierna deformada. No quería oír los gritos de «¡*Frida Kahlo, pata de palo!*».

Aunque Frida se sentía muy sola y era muy introvertida[7], también tenía una personalidad rebelde. No tenía miedo a nada.

[3]*palabras - words*
[4]*ocultaba - hid (was hiding)*
[5]*faldas - skirts*
[6]*calcetines - socks, stockings*
[7]*introvertida - introverted, shy*

Cuando Frida tenía siete años, su hermana Maty ya tenía quince años. Maty era la favorita de su madre. Pero Maty solo quería estar con su novio, Paco. Su madre creía que Maty era muy joven para tener un novio y no le permitía verlo. Maty lloraba mucho y pensaba: «¡No quiero vivir si no puedo ver a Paco!». Estaba muy enamorada y quería verlo. Un día, Maty le dijo a Frida: «Hermana, necesito tu ayuda. Tengo que ver a Paco. Voy a escapar con él. Vamos a vivir en Veracruz. Necesito que me ayudes». Con la ayuda de Frida, Maty escapó en la noche por el balcón de su dormitorio. Cuando fue de día, su madre buscó desesperadamente a Maty. «¿Dónde está mi hijita? ¿Simplemente desapareció? ¿Cómo puede ser?». Frida sabía a dónde había ido su hermana, pero no dijo nada. Le había hecho una promesa a su hermana y no iba a revelar a dónde había ido.

La relación de los padres de Frida no había sido muy afectuosa, pero después de que Maty desapareció, su relación se deterioró[8]. Matilde estaba furiosa con Maty por abandonar a la familia y todos en la familia sufrieron por eso.

[8]*se deterioró - deteriorated, got worse*

Capítulo 5
Frida, *liebe* Frida

Foto: Guillermo Kahlo
Isabel Campos, Cristina y Frida Kahlo (12 años)
Guillermo usaba una expression alemana para Frida:
'Liebe', que significa favorita o querida (beloved).

Maty era la favorita de la madre de Frida, pero Frida era la favorita de su padre. Él no expresaba mucho sus emociones, pero le decía: *«Frida, lieber (querida) Frida»*. Guillermo pensaba que era la más inteligente de sus hijas y la que más se parecía a él. Los dos sufrían de enfermedades: Frida con polio y Guillermo con epilepsia. Los dos eran inteligentes, artísticos e introspectivos.

Guillermo tenía muchos libros y a Frida le gustaba leerlos. Su padre pintaba mucho también. Frida lo acompañaba al parque y mientras su padre pintaba, ella coleccionaba plantas, rocas e insectos y los inspeccionaba con el microscopio.

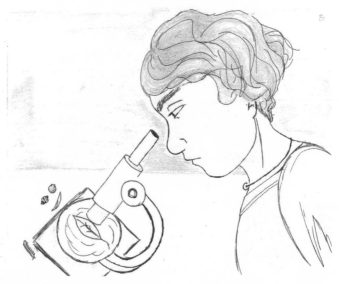

Frida iba con su padre a su estudio de fotografía y aprendió a sacar fotos y a ponerles color. Había una razón práctica para que Frida acompañara a su padre mientras él trabajaba; él frecuentemente tenía ataques epilépticos. Frida aprendió a ayudar a su padre cuando tenía un ataque. Le administraba medicina (tenía que respirar alcohol o éter[1], una forma de anestesia, cuando

[1]éter - *ether (a liquid used as anaesthesia)*

Foto: Guillermo Kahlo

tenía ataques). Cuando se le pasaba el ataque, lo ayudaba a ponerse de pie.

Un día, Frida y su padre caminaban por la ciudad. Su padre iba a sacar la foto de un monumento nuevo en el centro de la ciudad. De repente, su padre empezó a temblar y cayó inconsciente. Frida sintió miedo y confusión como siempre, pero sabía ayudarlo. Ella agarró la caja que tenía la medicina de su padre. Depositó éter en un cono de papel y dejó que su padre respirara la medicina. Mientras ayudaba a su padre, un muchacho joven apareció y la miró. ¡De repente Frida comprendió que el muchacho quería robar la cámara de su padre!

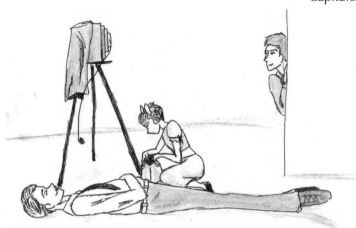

Frida se sintió tan furiosa como un león hambriento cuando vio que el muchacho agarró la cámara de su padre. Dejó a su padre y corrió rápidamente hacia el muchacho. El muchacho era más grande que Frida, ¡mucho más grande! Pero Frida estaba tan furiosa que no le importó ser pequeña, ni le importó tener una pata de palo. Rápidamente atacó al muchacho y le gritó: «¡No toques esa cámara o te mato!».[2]

El muchacho vio la furia en los ojos de la chica y se fue corriendo. En ese momento el padre de Frida se recuperó de su ataque. «¿Qué pasó?». Frida le respondió: «Estás bien. Todo está bien, papá…».

[2]«¡No toques esa cámara o te mato!». - *Don't touch that camera or I'll kill you.*

21

Capítulo 6
Perspectivas diferentes

Frida no tenía muchos amigos, y realmente no quería salir a jugar con los otros niños. Frida consideraba su pierna deformada una monstruosidad y ella no quería oír los comentarios de los otros niños. Prefería estar sola que oír los comentarios negativos. Jugaba en la casa con su amiga imaginaria o leía libros. Realmente se sentía sola.

Su madre nunca comprendió su tristeza ni su necesidad de tener amigos. Su madre pensó que Frida era un poco rara porque pasó mucho tiempo sola, hablando sola o hablando con animales. Su madre no comprendió que para Frida, la amiga imaginaria y los animales servían como amigos.

Un día, Frida estaba en su dormitorio jugando sola, y la casa estaba muy silenciosa. Frida imaginó que oía a una niña llorando. ¿Era su amiga imaginaria? Ella investigó. Había una caja de ropa en el dormitorio. Oyó sonidos raros en la caja. Frida miró en la caja ¡y vio a una rata! Ella quería gritar pero no quería que su madre la oyera. La rata miró a Frida y ¡Frida vio que era una mamá con bebés! Al ver a los bebés, Frida no tuvo miedo. Quería cuidar a esa pequeña familia.

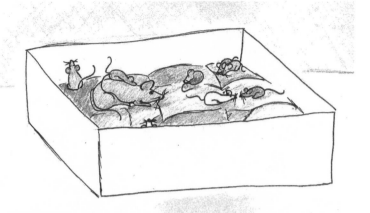

Frida fue a buscar comida y no vio a su madre. Vio unas tortillas y las agarró. Volvió a su dormitorio con las tortillas para la mamá rata. La rata se comió las tortillas y Frida miró a los pequeños bebés. Había 8 bebés. ¡Eran preciosos! Frida estaba muy contenta con la idea de cuidar a los pequeños animales.

Frida cuidaba a la pequeña familia de ratas durante unos días. Todos los días, Frida llegaba con comida para la mamá rata. Pasaba mucho tiempo observando a los bebés y ayudando a la mamá rata a cuidarlas.

Una tarde, Frida jugaba en el patio con su hermana Cristina. De repente, ¡Frida oyó un grito! «¡AYYYYYYYYYYYYYYYYYYYY!». ¡Era su madre! Frida se sintió como si tuviera una roca en el estómago cuando corrió a su dormitorio y vio a su madre. ¡La madre de Frida miraba las ratas con horror! Ella agarró la caja y

23

Frida gritó: «¡Mamá, no, por favor! ¡Son mis amigos!».
Pero la madre de Frida respondió furiosa: «¡No son amigos, son ratas y tienen enfermedades!». En ese momento,
su madre agarró la caja y salió con las ratas. Frida no
supo exactamente lo que pasó con las ratas, pero se imaginaba que ya estaban muertas. Frida se sentó en su
cama, llorando desconsoladamente: «Son mis amigos.
No tienen enfermedades».

Este evento fue solo uno de muchos ejemplos de la
distancia entre Frida y su madre. Para su madre, las ratas
eran feas y tenían enfermedades. Pero para Frida, eran
amigos inocentes que necesitaban su ayuda. Frida tenía

una gran necesidad de cuidar a los animales. Los animales y su amiga imaginaria eran todo lo que tenía. No tenía muchos amigos y se sentía muy, muy sola. Aún como adulta, Frida se sentía muy sola. Nunca tenía muchos amigos. Sus amigos eran animales... Más tarde en la vida, Frida tuvo suficientes animales como para tener un zoológico. Tenía perros[1], aves[2], monos[3] y más.

[1]*perros - dogs*
[2]*aves - birds*
[3]*monos - monkeys*

Capítulo 7
Amigos especiales

En 1922, cuando Frida tenía catorce años, empezó a estudiar en una escuela nueva: la Escuela Nacional Preparatoria. Era una escuela excelente y los profesores eran los científicos, los filósofos, los artistas y los matemáticos más importantes de México. La escuela estaba localizada en la capital: México D.F. y Frida iba todos los días a la capital en un tranvía[1]. Era muy diferente a su pequeño barrio[2] de Coyoacán. Había otras escuelas, universidades, restaurantes y jardines.

No había muchas chicas en la Preparatoria. De dos mil (2.000) estudiantes solo había treinta y cinco (35) chicas. La Preparatoria era una escuela muy exclusiva y el

[1]*tranvía - tram, trolley*
[2]*barrio - neighborhood*

padre de Frida quería que un día su hija favorita fuera doctora.

Frida llegó a la Preparatoria con ropa muy rara. Ella tenía un estilo diferente y le gustaba ser diferente. No quería pasar tiempo con las otras chicas en 'el patio de las chicas'. Prefería hablar con varios amigos sobre literatura, filosofía y política. Era un momento importante en la historia de México después de la Revolución Mexicana. Había muchas ideas nuevas sobre la política y el gobierno de México y a Frida le interesaban.

Frida tenía un grupo de cuates (amigos especiales). Era un grupo de siete chicos y dos chicas. Se llamaban 'los Cachuchas'.[3] A 'los Cachuchas' les gustaba explorar ideas, pero realmente les gustaba causar caos y problemas.

En una ocasión, montaron un burro por los corredores de la escuela.

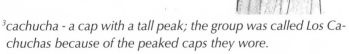

[3]cachucha - a cap with a tall peak; the group was called Los Cachuchas because of the peaked caps they wore.

27

En otra ocasión, causaron pánico cuando conectaron unos pequeños explosivos al collar de un perro. El pobre animal corrió por la escuela frenéticamente y tuvo mucho miedo.

Había un profesor que hablaba y hablaba y era muy aburrido. Un día, decidieron poner un explosivo en la ventana de su clase. A los veinte (20) minutos, hubo una explosión que destruyó la ventana y causó pánico. ¡El profesor continuó con su lección! Todos los Cachuchas tuvieron excusas lógicas e inteligentes y por eso, no fueron expulsados de la Preparatoria.

Frida y sus cuates no tenían paciencia para profesores malos o aburridos. Frida dibujaba caricaturas terribles de sus profesores durante las clases y se las pasaba a los otros estudiantes. También fue a hablar con el director en varias ocasiones sobre los profesores que ella consideraba "incompetentes".

Los Cachuchas no respetaban a los artistas que visitaban La Preparatoria. El director comisionó a varios artistas para pintar murales en la escuela. Mientras uno de estos artistas estaba pintando, los Cachuchas le prendieron fuego[4] a su mural y lo arruinaron.

Uno de los artistas que llegó para pintar un mural fue Diego Rivera. Tenía treinta y seis (36) años, era muy

[4]*prendieron fuego - they lit (the mural) on fire*

famoso, y era muy grande y gordo. Su ropa era muy rara. Parecía más un ranchero que un artista. Tenía una personalidad fantástica, un buen sentido del humor y hablaba mucho mientras trabajaba.

Cuando Frida vio a Diego Rivera, ella quiso causar un poco de caos. Le robaba comida y le gritaba insultos como «¡Mira, pero qué gordo!». En una ocasión, dejó jabón en las escaleras[5] para que el artista se cayera. Pero no fue Diego Rivera el que se cayó, ¡fue un profesor!

[5]jabón en las escaleras - soap on the stairs

Un día, Frida fue a observar el trabajo de Diego ¡y había una mujer con Diego! La mujer era su modelo. Era Nahui Olín, una pintora famosa también. Otro día, había otra mujer con Diego. Era Lupe Marín, la esposa de Diego. Diego estaba pintando a su esposa en el mural también.

En varias ocasiones, Frida observó a las dos mujeres con Diego. Frida podía ver que Diego tenía relaciones románticas con las dos mujeres. ¡Qué mujeriego! (Es decir que tenía muchas relaciones con muchas mujeres.) Un día cuando observaba a Diego pintando a Nahui, Lupe llegó. Frida vio la oportunidad de causar caos. Frida gritó: «¡Cuidado, Diego, no beses a la modelo, ahí[6] viene tu esposa!». Después, Frida salió corriendo para reírse con los Cachuchas.

[6]ahí - there

Capítulo 8
Alejandro

Durante su segundo año en la Preparatoria, Frida empezó una relación romántica con uno de los Cachuchas, Alejandro Gómez Arias. La madre de Frida no permitía que su hija de quince años tuviera novio ni que saliera de la casa para pasar tiempo con un muchacho. Así que Frida tenía que ver a Alejandro en secreto. Frida y Alejandro se escribían cartas románticas. Alejandro usaba un nombre falso de una muchacha cuando escribía las cartas para que la madre de Frida no viera que un muchacho le escribía.

Al final de noviembre de 1923, hubo una rebelión en la ciudad de México (México D.F.). Muchas personas protestaban y había caos en la capital. Con el caos y la Navidad[1] (no había clases durante la Navidad), Frida no sabía cuándo iba a volver a ver a Alejandro. Se sentía muy aburrida en Coyoacán, pero su madre no le permitía que saliera para el centro de la ciudad. Por fin en la noche del dieciocho (18) de diciembre hubo una posada[2] en la casa de una familia en Coyoacán. Frida y Alejandro planearon reunirse en la posada.

El día de la posada, ¡Frida se sentía muy contenta! ¡Iba a ver a su novio Alejandro! ¡Qué emoción! Ella quería escribirle una carta. Frida tenía una caja especial en su dormitorio donde tenía sus papeles y bolígrafos[3] especiales y también todas las cartas que Alejandro le había escrito. Fue a su dormitorio, pero cuando la buscó, la caja no estaba. A Frida le entró pánico. Ella pensó: «¿Mamá vio esas cartas?».

Frida corrió por la casa buscando frenéticamente. Tenía miedo de ver a su madre con la caja. Por fin, en el patio, vio a su hermana, Cristina. ¡Cristina estaba escri-

[1]*Navidad - Christmas*
[2]*posada - A Christmas festival originating in Latin America that dramatizes the search of Joseph and Mary for 'posada' or lodging.*
[3]*bolígrafos - pens*

biendo con uno de los bolígrafos especiales en el papel especial de Frida! Las cartas de Alejandro estaban en el patio. «¡Mis bolígrafos! ¡Mi papel especial!», le gritó Frida furiosa. «¡Y mis cartas también! ¡Eres una idiota!», le gritó atacando a Cristina furiosamente. Estaba atacándola cuando su madre oyó la conmoción y salió al patio. Su madre le gritó: «¡Frida! ¡Deja a tu hermana en paz! ¡No más!».

Frida no oyó a su madre y continuó el ataque. Por

fin, su madre la agarró, pero Frida todavía atacaba a Cristina. Cristina lloraba desconsoladamente y mientras lloraba, la madre de Frida gritaba: «Frida, ¡tú no vas a ninguna posada esta noche! ¡Tú vas a quedarte en tu dormitorio y reflexionar sobre tus malas acciones!».

Frida lloró también: «¡Pero mamá!». «Nada de 'mamá' tú te quedas en la casa», dijo su madre con determinación.

Capítulo 9
El tranvía

Frida le escribió una carta a Alejandro:

Mi Alex:

Quiero explorar el mundo. Quiero planear un viaje a los Estados Unidos. Si pasamos toda la vida en México vamos a ser muy ignorantes. ¿Crees que podamos viajar a EE. UU. en diciembre? Voy a trabajar mucho y en un año voy a tener el dinero para el viaje.

Tu chica que te adora,

Frida

Frida le dijo a Alejandro que trabajaba para ganar dinero para su viaje a los EE. UU., pero realmente tenía también que ganar dinero para ayudar a su familia. A Frida le gustaba trabajar porque su madre no podía controlarla mientras trabajaba. ¡Podía ir al centro de la ciudad para trabajar y ver a Alejandro todos los días en secreto!

El día 17 de septiembre de 1925, Frida se preparaba para entrar en la universidad para estudiar medicina. Frida estaba muy enamorada de Alejandro y pensaba que tendría un futuro con él. Planeaban viajar a los Estados Unidos.

Era el día después del Día de la Independencia de México, y Frida y Alejandro pasaron la tarde en la ciudad. Los jóvenes enamorados compraron churros, miraron todo en el mercado y caminaron por El Zócalo. Frida estaba muy contenta.

Frida tenía que volver a casa a las seis de la tarde, así que Alejandro la acompañó en el autobús. Los autobuses eran nuevos en México. En el pasado, la gente usaba tranvías. Pero ya con el autobús, ¡la gente no tenía límites! Los autobuses iban donde los tranvías no podían ir. Después de unos minutos en el autobús Frida dijo:

«¡Alex! ¡No tengo mi paraguas[1]!».

Alex la miró y respondió: «¡Pero que ridícula eres Frida!». Miró a Frida con irritación, pero después Alejandro la miró románticamente y Frida pudo ver que realmente no estaba irritado. Ellos volvieron al mercado para buscar el paraguas. Volvieron a donde habían comido los churros, pero no lo vieron. Por fin ellos dejaron de buscar el paraguas y volvieron a tomar otro autobús.

El autobús era nuevo y elegante. Había mucha gente en el autobús y el chofer era un joven nervioso. Frida y Alejandro se sentaron. Frida jugaba con un balero[2] que compró en el mercado. Tenía muchos colores y le gustaba mucho. Era un día perfecto y Frida se sentía muy contenta. No tenía ni idea de la inminente tragedia.

[1]paraguas - umbrella
[2]balero - small wooden toy

Capítulo 10
El accidente terrible

En un instante, el día perfecto de Frida y Alejandro se convirtió en un día de terror. Un tranvía apareció de repente y chocó[1] con el autobús. Después del choque, el terror continuó. El tranvía no paró y poco a poco, el tranvía destruyó el autobús. Todo parecía que pasaba en cámara lenta[2]. Los segundos parecían horas.

[1]*chocó - crashed, collided*
[2]*cámara lenta - slow motion (slow camera)*

Cuando por fin el tranvía paró, el autobús estaba completamente destruido. El pasamano[3] del autobús que estaba directamente enfrente de Frida se rompió causándole una herida[4] horrenda. El pasamano le perforó la pelvis de Frida. La herida era muy grave. Había mucha sangre[5]. Frida podía oír los gritos de toda la gente y no podía ver a Alejandro. Gritó: «¡Alejandro, Alejandro!». Alejandro, que no tenía heridas graves, vio que el pasamano le había perforado la pelvis a Frida. Otro hombre también vio que el pasamano le había perforado la pelvis y gritó: «¡Tenemos que sacar el pasamano de la muchacha!». El hombre sacó el pasamano de Frida y ella sintió un dolor tremendo. Gritó en agonía cuando lo sacó.

Durante un mes, todos creían que Frida iba a morir. Los médicos la operaron. Ella tenía fracturas en varias partes de su columna vertebral. Con todas las heridas, ella tenía más de treinta (30) huesos rotos[6]. La madre de Frida no quería hablar porque estaba en un estado de shock total y su padre estaba muy enfermo. Sus padres no podían visitarla. Su hermana Maty (que aún no hablaba con su madre y vivía con Paco en la Ciudad de

[3]pasamano - hand rail
[4]herida - injury
[5]sangre - blood
[6]huesos rotos - broken bones

México) leyó sobre el accidente en el periódico[7] y visitó a Frida todos los días.

Frida tenía que llevar un corsé de yeso[8] y no podía caminar. Se sentía terrible. Maty y los Cachuchas la visitaban mucho, pero durante las noches Frida sufría mucho. Sus heridas le causaban mucho sufrimiento. Pensaba mucho en la muerte.

Mientras Frida se recuperaba, ella solo quería ver a Alejandro. Ella le escribió muchas cartas, pero él no la visitó. Posiblemente él tenía miedo de ver a Frida en su condición. O posiblemente no la quería… Frida no sabía por qué Alejandro no llegaba y se sentía muy sola.

[7]*periódico - newspaper*
[8]*corsé de yeso - body cast*

El padre de Frida sabía que Frida estaba muy triste. Él quería ayudarla. Él le dio pintura, pinceles, y lienzo[9] para pintar en la cama. Pintar la ayudaba mucho a pensar y a expresarse.

Un día de noviembre, dos meses después del accidente, Alejandro llegó a la casa para visitar a Frida. La madre de Frida estaba en casa y Frida estaba en su cama. Su madre no conocía a Alejandro porque su relación siempre había sido un secreto para ella. Nunca lo había conocido. Alejandro le dijo a la madre de Frida: «Buenas tardes señora. ¿Está Frida?». La madre de Frida respondió: «Lo siento, pero Frida no puede recibir a visitantes ahora». Frida oyó a su madre y empezó a gritar. «¡Alejandro! ¡Alejandro! ¡Estoy aquí! ¡Quiero verte!». Alejandro no podía oír a Frida. Frida empezó a llorar.

Foto: Guillermo Kahlo, 1926
Frida: (al centro de la foto con ropa de hombre)

[9]*lienzo - canvas*

41

Capítulo 11
El arte y Diego

Frida quería volver a ver a Alejandro. Ella lo esperaba en su casa, en su corsé de yeso, y un día de marzo de 1926, estaba pensando que posiblemente ese día él volvería, pero solo llegó una carta. La carta era de Alejandro. Él se había ido a Europa. Le dijo que había ido para visitar familiares. Realmente sus padres no querían que él pasara tiempo con Frida. Frida era una distracción y Alejandro tenía un futuro... Frida se recuperaba y mientras se recuperaba, pintaba.

No podía aceptar que Alejandro no iba a volver. Ella le escribía muchas cartas. En las cartas ella dibujaba corazones, besos[1] y pequeñas Fridas llorando. Frida no podía salir de la cama, así que dibujó y pintó. La pintura para Frida era un escape. Pintó su dolor y pintó autorretratos.[2] Pintó 'Autorretrato 1926' para Alejandro, pero Alejandro no volvió. Poco a poco, Frida se recuperaba y su interés romántico en Alejandro se reducía. A los pocos meses, Alejandro volvió de Europa. Él ya se había enamorado de una amiga de Frida, pero a Frida esto no le

[1]*dibujaba corazones, besos - she drew hearts and kisses*
[2]*autorretratos - self portraits*

afectaba. Ella ya no estaba enamorada de él, pero quería ser su amiga y fueron amigos por el resto de sus vidas.

Frida se había recuperado mucho. Ella quería ser artista. Tenía muchas pinturas; había pintado mucho mientras se recuperaba en su cama. Frida sabía que el famoso artista, Diego Rivera (el que pintaba murales en su escuela preparatoria) pintaba murales en el Ministerio de Educación. Ella quería saber la opinión de Diego Rivera sobre su trabajo. ¿Pensaría Diego que ella tenía talento? Frida tenía un poco de miedo de hablar con Diego Rivera. Ella sabía que él tenía una reputación de 'mujeriego'. También ella sabía que su opinión artística era muy importante.

Ella fue a donde Diego pintaba. Diego pintaba en una plataforma muy alta. Él parecía aún más grande en la plataforma. Sin miedo en su voz, Frida lo llamó:

«Diego, bájate. Quiero que veas mi trabajo». Diego bajó y miró las pinturas con interés. Frida le habló muy directamente. «Mira, no te hablo porque me gustes. Yo sé que si una mujer te habla, tú crees que ella busca romance. No busco romance. Solo quiero saber si tengo talento. ¿Tienes interés en mi pintura?». Diego le respondió: «Tú tienes talento. Tengo interés...».

Frida continuó: «Tengo más pinturas en mi casa. ¿Puedes verlas también? Vivo en Coyoacán, Avenida Londres 126. Me llamo Frida Kahlo». Diego pensó un momento y dijo: «Tú eres la muchacha de la Escuela Na—» Frida no lo dejó terminar. Ella dijo: «Sí, yo estaba en el auditorio de la Escuela Nacional cuando tú pintabas murales, pero no importa. Ven a mi casa el domingo».

Diego empezó a perseguir a Frida románticamente y

Frida tenía interés. A Frida no le importaba que Diego tuviera veinte años más que ella, ni que Diego fuera gordo y feo. Diego sentía mucha pasión por Frida y ella también la sentía por él. Diego quería casarse con Frida y habló con el padre de Frida sobre sus intenciones. El padre de Frida le dijo a Diego: «Frida es una diabla». «Lo sé», respondió Diego con confianza. «¡Te avisé!»[3], dijo su padre.

Guillermo Kahlo sabía que Frida no iba a tener una profesión después de su accidente. Necesitaba acceso a doctores y hospitales y él no tenía suficiente dinero para ayudar a su hija. Guillermo sabía que Diego podía cuidarla.

Cuando la madre de Frida oyó sobre las intenciones de Diego, ella estaba furiosa. La madre de Frida no quería que su hija se casara con Diego. Ella dijo: «¡Él parece un elefante feo!». Su madre habló con Alejandro, el exnovio de Frida. Ella convenció a Alejandro de que interfiriera en el romance. Pero la manipulación de su madre no tuvo efecto en la relación de Frida y Diego. Ellos se casaron en agosto de 1929. De la familia de Frida, solo su padre fue a la boda[4].

Después, celebraron su matrimonio con una fiesta en la casa de un amigo. Diego tomó mucho tequila y aterrorizó a los invitados de la fiesta. Rompió la mano de un hombre, sacó su pistola y rompió muchos objetos en la casa. Frida le gritó y se fue, ¡y no vio a Diego por varios días!

[3]te avisé - I warned you
[4]boda - wedding

Capítulo 12
La china poblana

Foto: Guillermo Kahlo

Diego era un artista famoso por todo el mundo, no solo en México, y Frida se contentaba con ser la esposa del artista. Frida no pintaba mucho cuando se casó con Diego. Ser la esposa de Diego era mucho trabajo. Lupe Marín, la exesposa de Diego era amiga de Frida. Lupe ayudó a Frida a aprender a cuidar a Diego. Frida aprendió a prepararle sus comidas favoritas.

Frida acompañaba a Diego cuando él trabajaba. Ella lo ayudaba y Diego valoraba mucho la opinión de Frida sobre el arte y sobre la gente.

A Diego le gustaba mucho la ropa típica de las mujeres de Tehuantepec y de Puebla. Frida Kahlo usaba ropa típica de México y a Diego le gustaba mucho. Frida quería usar su ropa para expresar su identidad como mujer mexicana, pero también quería usarla porque a Diego le gustaba. Ella también combinaba estilos de ropa de otras partes de México y de otros tiempos de la historia. Otro beneficio de usar ropa interesante era que la ropa le servía como una distracción de su deformidad física.

Antes de que se casaran, Diego le dijo a Frida: "Tú eres mi princesa china. Eres mi china poblana." Frida no sabía la leyenda, así que Diego se la relató La leyenda de *La china poblana*:

En la costa de la India vivía una princesa elegante con su familia. Un día ella y su sirvienta fueron a la costa para ver los barcos grandes y pequeños que salían para otras partes del mundo. En uno de los barcos había hombres malos que decían que eran comerciantes[1], pero en realidad eran feroces piratas chinos.

---

[1]*comerciantes - traders, businessmen*

Cuando los piratas vieron a la princesa con su ropa elegante, dijeron: «Vamos a robar a la niña y llevarla a las Filipinas. Podemos venderla a muy buen precio».

Afortunadamente, en las Filipinas, un hombre, el capitán de un barco español que iba a Acapulco, compró a la princesa. Y como era el día de Santa Catalina, la llamó Catalina.

Catalina estaba contenta en el barco español, pero el viaje a Acapulco era muy largo. Cuando por fin llegaron, Catalina estaba exhausta y triste porque no sabía cuál era su destino en Acapulco.

Muchos comerciantes de todas partes de México llegaron al barco. Todos querían comprar los productos, pero había un comerciante de Puebla y a él no le interesaban los productos. Le interesaba Catalina. El comerciante observaba los ojos bonitos de ella.

El capitán observó que el comerciante miraba a la chica y le dijo: «Creo que es una princesa de China. La compré en las Filipinas. ¿Usted quiere comprarla?». «Sí, quiero. Mi esposa y yo no tenemos hijos y ahora, gracias a usted, vamos a tener una hija.», respondió el comerciante.

Así, el comerciante se llevó a la chica a Puebla donde ella vivía contenta con el buen hombre y su esposa. Los padres adoptivos y también la gente de

Puebla adoraban a la princesa que era tan buena. Especialmente era buena porque ayudaba mucho a los pobres y a los enfermos.

Como a todas las princesas, a Catalina le gustaba mucho la ropa elegante. Siempre usaba faldas largas de colores brillantes y blusas bordadas[2] con flores.

Cuando Catalina murió, las mujeres de Puebla, para honrar su memoria, empezaron a usar ropa similar. La ropa se llamó 'la china poblana'.

A Frida le gustó mucho la historia. Ella no sabía nada de China, ni de las Filipinas, pero la princesa con ropa diferente parecía exótica. Frida quería ser exótica también. Le gustaba la idea de ser diferente. Ella también sabía que Diego la veía como una princesa exótica y a ella le gustaba mucho.

[2]bordadas - embroidered

49

Capítulo 13
La vida con Diego

En diciembre de 1929, Diego aceptó una comisión para pintar un mural en Cuernavaca. Vivieron por un año en una casa preciosa. Diego trabajaba, y Frida exploraba. Frida podía observar los volcanes famosos, El Popocatépetl y el Iztaccíhuatl. Era un sitio muy tranquilo.

Frida volvió a pintar en Cuernavaca. Ella pintó a la gente indígena, pintó a Lupe Marín y pintó un autorretrato. Pero en ese autorretrato, había tristeza. Durante este tiempo en Cuernavaca, Frida quedó embarazada[1]

[1]embarazada - became pregnant

pero el embarazo fue interrumpido porque Frida tenía problemas a causa de su accidente.

Frida tenía otros problemas también. Diego tenía relaciones con otras mujeres. Era muy mujeriego. Frida decía que no le importaban las relaciones que Diego tenía con otras mujeres, pero en realidad Frida estaba furiosa con él por sus infidelidades[2].

Pero Frida quería a Diego. Lo quería mucho. Diego le escribía cartas románticas. La llamaba "niña de mis ojos" y "vida de mi vida". Diego llegaba a casa con un montón de flores. Frida no podía estar furiosa con él por mucho tiempo.

Foto: Carl Van Vechten
(Library of Congress, 1932)

En 1930, Diego y Frida fueron a San Francisco. Diego recibió dos comisiones importantes. Para empezar, Diego quería explorar la ciudad, quería saber más sobre la gente y la vida de los Estados Unidos. Le fascinaba el fútbol americano. A Diego le fascinaba todo lo que le ofrecía esta nación. Pero Frida tenía una opinión diferente. Ella se sentía aburrida.

---

[2]infidelidades - infidelities; being unfaithful to a spouse

En San Francisco, Frida se hizo amiga del Dr. Leo Eloesser y ellos fueron grandes amigos durante el resto de la vida de Frida. Ella lo consultaba sobre todos los problemas que tenía. Él le diagnosticó un caso de escoliosis y también le informó sobre los problemas de tener un hijo.

Poco después, Diego recibió otra comisión en los Estados Unidos. Diego y Frida fueron a Nueva York. A Diego le fascinaba la vida en Nueva York, con sus fiestas y gente rica...pero Frida estaba muy aburrida con la vida en 'Gringolandia'. Frida pensaba en toda la gente pobre en México, que no tenía que comer...mientras la gente de Nueva York tenía elaboradas fiestas todas las noches ¡y no podía comerse toda la comida que había! Ella solo quería volver a México.

A Diego le fascinaban la industria y las máquinas. Cuando recibió la oportunidad de trabajar en Detroit, Michigan con una comisión de Edsel Ford (el hijo de Henry Ford) en el Instituto de Artes de Detroit, Diego se sintió

Foto: Detroit News
(public domain photo)

52

fenomenal. Diego iba a pintar murales celebrando la industria de Detroit e iba a ganar $10.000.

Cuando Frida y Diego llegaron en abril de 1932, había muchos reporteros. Uno de los reporteros le preguntó a Frida: «¿Usted pinta también?». Frida respondió en un inglés perfecto: «Sí, soy la mejor del mundo».

Aunque a Diego le fascinaba la ciudad con su industria, Frida otra vez se sentía aburrida con la cultura de los ricos de los Estados Unidos. La gente rica de Detroit pensaba que Frida y su ropa tradicional mexicana eran muy raras. Frida respondía con acciones escandalosas. Ella decía muy malas palabras en inglés, y fingía[3] que no comprendía lo que decía. Hablaba sobre el comunismo con mucho entusiasmo en la casa de la hermana de Henry Ford y hacía comentarios sarcásticos sobre el catolicismo en casa de algunos católicos.

Frida le escribió una carta al

Foto: Carl Van Vechten
(Library of Congress, 1932)

[3]fingía - faked; pretended

Dr. Eloesser el 26 de mayo. Le escribió sobre los problemas que tenía con su pie y también le informó que estaba embarazada. Frida se sentía muy nerviosa porque ya había perdido[4] un bebé en el pasado. Con el trauma que había sufrido en el accidente del tranvía, la posibilidad de tener un bebé era muy pequeña. El 4 de julio, transportaron a Frida al hospital en ambulancia. Perdió a su bebé. Frida pasó trece días en el hospital. Estaba muy enferma. Frida quería morir.

Después de salir del hospital, Frida pintó sus pinturas más originales y más horrorosas. 'Henry Ford Hospital' fue un autorretrato que incorporó la realidad, la crueldad

[4]*había perdido - had lost*

y el sufrimiento que sintió después de perder a su bebé.

Frida dijo: «Yo no pinté mis sueños, pinté mi realidad, porque era lo único que tenía o porque era lo único que conocía».

Epílogo

Foto: "Museo Frida Kahlo Casa Azul" CC BY-SA 3.0
Esta es La Casa Azul donde nació Frida Kahlo.
Hoy es un museo dedicado a ella.

Frida Kahlo se recuperó de su accidente, pero durante su vida sufrió mucho. Tuvo más de treinta y cinco operaciones y perdió cinco bebés. Frida quería tener hijos, pero no podía.

Ella tenía una relación apasionada con Diego, pero esta relación le causaba también mucho dolor. Diego tuvo muchas relaciones con otras mujeres y Frida también tuvo relaciones con otros. Pero fue diferente cuando Diego tuvo una relación romántica con su hermana Cristina en 1935. Frida se sintió furiosa y triste con los dos.

Frida y Diego se divorciaron en 1939. En 1940, Frida y Diego volvieron a casarse pero el matrimonio tenía problemas y ellos vivían en casas separadas por eso.

En 1954, Frida murió. Oficialmente murió de una embolia pulmonar, pero muchos creen que fue una sobredosis[1]. Había sufrido mucho durante varios meses. Le amputaron una pierna por la gangrena y sufrió de varias enfermedades.

Durante su carrera, pintó 143 pinturas. De esas, 55 fueron autorretratos. Su esposo Diego influyó mucho en su pintura y también su identidad como mujer mexicana influyó en su arte. Aunque Frida fue una artista respetada durante su vida, fue más conocida por ser la esposa del gran Diego Rivera. Entre los años 1970 y 1980 su arte empezó a ser mucho más popular.

Frida es celebrada como gran artista y personaje en varios libros y documentales. Frida ha aparecido en grandes revistas como *Vogue* y *Vanity Fair*. Su arte ha sido exhibido en Nueva York y París. Hoy en día[2], el público aún puede admirar su trabajo en museos de todo el mundo. La Casa Azul en Coyoacán donde Frida pasó una gran parte de su vida, ahora es un museo dedicado a Frida, su

[1]*sobredosis - overdose*
[2]*hoy en día - nowadays*

historia y su trabajo. En 2002, Salma Hayek interpretó a la artista en la película de Hollywood *'Frida'*.

Conmemoraron el centenario[3] de Frida Kahlo con la exhibición más grande de sus pinturas en el Palacio de Bellas Artes en la Ciudad de México en 2007. Sus pinturas llegaron a la exhibición desde museos de Detroit, Los Ángeles, Miami, Minneapolis, San Francisco y Nagoya, Japón.

Diego escribió que el día en que Frida murió fue el día más trágico de su vida, y que lo mejor de su vida fue Frida. Frida escribió que hubo dos grandes accidentes en su vida…el primero fue el del tranvía y el segundo fue Diego.

[3]*centenario - centennial; commemoration or celebration of an event that happened a hundred years before*

Glosario

A

aburrido - bored; boring
accidente - accident
acento - accent
acompañó - accompanied
adoptivos - adoptive
adora - adores
adorable - adorable
afectaba - s/he, it affected
afectuosa - affectionate
afortunadamente - fortunately
agarró - s/he grabbed
agresivo - aggressive
agua - water
ahí - there
alcohol - alcohol
alemán - German
Alemania - Germany
amiga - friend
amputaron - they amputated
animal - animal
año - year
apareció - s/he appeared
aprendió - s/he learned
arquitectura - architecture
arruinando - ruined

artista - artist
atacaba - was attacking
atacarla - to attack her
atacó - s/he attacked
ataque - attack
aunque - although
autobuses - buses
avalancha - avalanche
ayuda - s/he helps
ayudaba - s/he helped; was helping
ayudarle - to help him or her
ayudes - you help
ayudó - s/he helped
azul - blue

B

balero - a small wooden toy
barco - boat
bebé - baby
bien - well; good
bolígrafos - pens
bordadas - embroidered
buen(a) - good
burro - burro, donkey
buscando - looking for
buscar - to look for
buscó - s/he looked for

C

cadáver - cadaver; dead body

caja - box

calcetines - socks

cama - bed

cambió - s/he or it changed

caminando - walking

caminar - to walk

caminaron - they walked

cara - face

carta - letter

(se) casó - s/he got married

católica - Catholic

(se) cayera - s/he fell

(se) cayó - s/he fell

cerebral - cerebral; of the brain

cerró - s/he or it closed

chica - girl

chico - boy

chocó - s/he or it crashed

chofer - driver; chauffer

churros - long fried sweet bread similar to a doughnut

científicos - scientists

ciudad - city

clase - class

collar - collar

colores - colors

columna - column

comentarios - comments

comerciante - businessperson; trader

comían - they ate; were eating

comida - food

comieron - they ate

comió - s/he ate

comisionó - s/he commissioned

completar - to complete

comprar - to buy

compraron - they bought

compre - s/he buy

comprendió - s/he understood/comprehended

compró - s/he bought

comunión - communion

conmoción - commotion

consideraba - s/he considered

consideró - s/he considered

construyó - s/he constructed

contagioso - contagious

contenta - happy; content

continuó - s/he continued

controlarla - to control her

convento - convent

corra - s/he run

corredores - corridors; hall-
ways

correr - to run

corría - s/he was running;
used to run

corriendo - running

corrió - s/he ran

corsé - corset (garment worn
around abdomen and
chest area)

costa - coast

crees - you believe

creía - s/he believed

creo - I believe

cuarentena - quarantine

cuates - friends

cuatro - four

cuidaba - s/he cared for

cuidado - care

cuidar - to care for

D

decidió - s/he decided

decir - to say/tell

dedicado - dedicated

dedicó - s/he dedicated

deformada - deformed

deja - s/he leaves

dejaron - they left

dejó - s/he left

desapareció - s/he, it disap-
peared

desconexión - disconnection

desconsoladamente - incon-
solably

después - after; later

destruyó - s/he destroyed

deterioró - s/he, it deteriorated

diciembre - December

diferente - different

dijeron - they said

dijo - s/he said

director - director

distinta - distinct; different

distraída - distracted

división - division

doctora - doctor

dolor - pain

dormitorio - bedroom

durante - during; for a time

E

edad - age

educación - education; man-
ners

ejercicio - exercise

61

elegante - elegant

empezó - s/he or it began

empleado - employee

enamorada - in love

encontraron - they found

encontró - s/he found

enferma - sick

enfermedad - disease/illness

enfrente - in front

entrar - to enter

entre - between

entró - s/he entered

epilépticos - epileptic

equivalente - equivalent

era - was

eran - were

eras - you were

eres - you are

esa - that

esas - those

escaleras - stairs

escapaban - they used to escape

escapar - to escape

escapó - s/he, it escaped

escribía - s/he was writing

escribían - they were writing

escribió - s/he wrote

escribir - to write

escuela(s) - school(s)

eso - that

esos - those

espacio - space

español - Spanish; Spanish language

española - Spanish

especial - special

especialmente - especially

esposa - wife

esta - this

estaba - was

estar - to be

estás - you are

este - this

estilo - style

estómago - stomach

estrangular - to strangle

estudiaban - they studied

estudiantes - students

estudiar - to study

estuviera - were

estuvo - was

éter - ether (a type of anesthesia)

eventualmente - eventually

exclusiva - exclusive

exhausta - exhausted

exnovio - ex-boyfriend

experta - expert
explorar - to explore
explosión - explosion
explosivo - explosive
expulsado - expelled
extendió - s/he, it extended
extra - extra

F

faldas - skirts
falso - false
familias - families
famoso - famous
fantástica - fantastic
favorita - favorite
feroces - ferocious
filipinas - Phillipines
filosofía - philosophy
filósofos - philosophers
fin - end
final - final
financieros - financial
flores - flowers
formal - formal
foto - photo
fotografía - photography
fotografió - photographed
fotógrafo - photographer
frenéticamente - frantically

frutas - fruits
fue - was; went
fuego - fire
fuera - were; went
fueron - they went; they were
fuerza - force; strength
furia - fury
furiosa - furious
futuro - future

G

ganar dinero - to earn money
gente - people
gobierno - government
gordo - fat
gracias - thanks
gran - great; large
grande - large
grave - grave; serious
gritaba - s/he was shouting
gritó - s/he shouted
grupo - group
(le) gustaba - was pleasing (to him/her); s/he liked
(le) gustaban - were pleasing (to him/her); s/he liked
(le) gustó - pleased (him/her); s/he liked

H

había - there was; there were
había sido - had been
hablaba - s/he was talking
hablaban - they were talking
hablando - talking
hablar - to talk
habló - s/he talked
hace - makes; does
hacer - to make; to do
hecho - made; done
herida - wound; injury
hermana - sister
hicieron - they made; they did
hiciste - you made; you did
hijo(a)- son/daughter
historia - history
hizo - s/he made; s/he did
hombre - man
honrar - to honor
horrorosas - horrifying
huesos - bones
humor - humor

I

iba - was going
iban - they were going
idea - idea

ideal - ideal
idiota - idiot
imagen - image
imaginaba - s/he imagined
imaginación - imagination
imaginaria - imaginary
importante - important
incompetentes - incompetent
independencia - independence
indígena - indigenous
informó - s/he informed
insistió - s/he insisted
instante - instant
insultos - insults
inteligente - intelligent
interfiriera - s/he interfered
investigó - s/he investigated
ir - to go
irritación - irritation
irritado - irritated
irse - to leave

J

jabón - soap
jardín - garden; yard
joven - young
juegue - play
jueves - Thursday

jugaba - was playing
jugaban - they were playing
jugar - to play
jugara - play

K

kínder - kindergarten

L

lección - lesson
leer - to read
leía - was reading
lenta - slow
lentamente - slowly
leyenda - legend
leyó - s/he read
libro - book
límites - limits
literatura - literature
(se) llamaba - s/he called (him/herself)
(se) llamaban - they called (themselves)
llamada - call
llámame - call me
llegaron - they arrived
llegó - s/he arrived
llevaba - was wearing; carrying

llevaban - they were wearing; carrying
(se) llevaban bien - they got along well
llevó - s/he wore; carried
lloraba - was crying
llorando - crying
loca - crazy
localizaba - it was located

M

madrastra - stepmother
malo(a) - bad
mamá - mom
matemáticos - mathematicians
mato - I kill
mató - s/he killed
matrimonio - marriage
mayoría - majority
medicina - medicine
médico - doctor
memoria - memory
mercado - market
meses - months
mexicano - Mexican
miedo - fear
mientras - while
mija (mi hija) - my daughter

minutos - minutes

mira - s/he looks; watches

miraron - they looked; watched

miró - s/he looked; watched

misa - Mass (Catholic church service)

modelo - model

momento - moment

monstruo - monster

monstruosidad - monstrosity

monta - s/he rides

montaba - was riding

montar - to ride

monumento - monument

morir(se) - to die

moverse - to move

muchacho(a) - boy/girl

muerte - death

mujer - woman

mundo - world

mural - mural

(se) murió - s/he died

museo - museum

N

nacieron - they were born

nació - s/he was born

Navidad - Christmas

necesita - s/he needs

necesitaba - s/he needed

necesito - I need

negro - black

nervioso - nervous

niño(a) - child

noche - night

noviembre - November

novio(a) - boyfriend/girlfriend

nueva(s)/nuevo(s) - new

nunca - never

O

observaba - s/he was observing

observar - to observe

observó - s/he observed

ocasión - occasion

ocurrió - occurred

oía - heard

oír - to hear

ojos - eyes

operaron - they operated

opinión - opinion

oportunidad - opportunity

otro(a) - another

oyera - hear

oyó - s/he heard

P

paciencia - patience

padre - father
padres - parents
palabras - words
pánico - panic
paró - s/he, it stopped
(se) paró - s/he stood
papá - papa; dad
papel - paper
paraguas - umbrella
parque - park
parte - part
parto - birth
pasaba - passed; were spending
pasado - past
pasaje (**de barco**) - passage or ticket (on a ship)
pasamos - we pass; we spend
pasar - to pass; to spend
pasó - passed
pata de palo - pegleg
patio - patio
paz - peace
pelvis - pelvis
pensaba - was thinking
pensar - to think
pequeño(a) - small
perfectamente - perfectly
perforado - perforated; pierced

perforó - s/he perforated; pierced
periódico - newspaper
permisible - permissible
permitía - s/he permitted; allowed
permitió - s/he permitted; allowed
pero - but
perro - dog
personal - personal
personalidad - personality
personas - persons, people
pidió - s/he asked for
pie - foot
pierna - leg
pintaba - s/he painted
pintando - painting
pintar - to paint
pintora - painter
pipi - pee; urine
piratas - pirates
planeaban - they planned; they were planning
planear - to plan
planearon - they planned
poblano - person from the Mexican state of Puebla
pobre - poor
poco(s) - little; few

podemos - we can
podía - could
podían - they could
polio - polio
política - politics; political
por supuesto - of course
posada - a Christmas celebration
posesiones - possessions
posibilidad - possibility
práctica - practice; practical
precio - price
preciosa - precious
prefería - s/he preferred
prendieron - they lit
preparaba - s/he prepared; s/he was preparing
presidente - president
primera comunión - first communion
princesa - princess
principalmente - principally; mainly
problema - problem
proceso - process
productos - products
profesional - professional
profesor - profesor; teacher
promesa - promise

puede - s/he can

Q

que - that
qué - what
quería - wanted
querían - they wanted
quiere - s/he wants
quiero - I want
quince - fifteen

R

ranchero - rancher; farmer
rápidamente - rapidly; quickly
rara - strange
rata - rat
realmente - really
rebeldes - rebels; rebellious
rebelión - rebellion
(se) recuperaba - s/he was recuperating; s/he was recovering
recuperarse - to recuperate; to recover
(se) recuperó - s/he recuperated; recovered
reflexionar - to reflect; to think about

relación - relationship

religión - religion

religiosa - religious

rentaba - s/he was renting;
s/he used to rent

(de) repente - suddenly

respetar - to respect

respeto - respect

respondió - s/he responded

respuesta - response

restaurante - restaurant

reunirse - to reunite; to meet

revelar - to reveal

revolución - revolution

robaba - s/he was stealing;
s/he used to steal

robar - to steal; to rob

roca - rock

romántica - romantic

románticamente - romanti-
cally

rompió - s/he broke

ropa - clothes

S

sabía - knew

sacar - to take out

sacó - s/he took out

salga - leave

salían - they were leaving

saliera - leave

salió - s/he left

salir - to leave

sangre - blood

secreto - secret

segundo - second

seis - six

señor - sir; Mr.; man

señora - madame; Mrs.;
woman

sentía - felt

sentido - feeling

sentir - to feel

septiembre - September

ser - to be

seria - serious

sería - would be

(había) sido - (had) been

siempre - always

(lo) siento - I'm sorry

siete - seven

silenciosa - silent

simplemente - simply

sin embargo - however; nev-
ertheless

sintió - s/he felt

sitio - place, site

sobre - about; envelope

Glosario

solitarios - solitary; alone

solo(a) - only; alone; lonely

son - they are

sonido - sound

sorprendente - surprising

soy - I am

suburbio - suburb

sueño - dream

sufría - s/he was suffering

sufrió - s/he suffered

se suicidó - s/he committed suicide

T

talentoso - talented

también - also

tan - so

tarde - afternoon; late

tendría - would have

tenemos - we have

tener - to have

tengo - I have

tenía - had; used to have

tenían - they had; used to have

terrible - terrible

tiempo - time

todavía - still; yet

todo(a) - all

tomaba - was taking

tomar - to take

tomó - s/he took

¡(No) toques! - (Don't) touch!

tortillas - tortillas

trabajaba - used to work

trabajar - to work

trabajara - worked

trabajo - work

tragedia - tragedy

tranvía - tram; streetcar

trauma - trauma

(a) través - through, across

tres - three

triste - sad

tristeza - sadness

tuviera - had

tuvieron - they had

tuvo - s/he had

U

unidos - united; close

universidad - university

usaba - s/he was using; used to use

usara - s/he use

usarlos - to use them

V

vamos - we go

van - they go

varias - various; several

vas - you go

veía - saw

vender - to sell

venganza - vengeance; re-
venge

ver - to see

vertebral - vertebral; relating
to the spine

viajar - to travel

viaje - trip, voyage

vida - life

viera - see

vieron - they saw

vio - s/he saw

virus - virus

visitaba - was visiting; used
to visit

visitaban - they were visiting;
they used to visit

visitar - to visit

visitaron - they visited

visitó - s/he visited

vivía - lived

vivir - to live

vivos - alive

volver - to return; to do again

volvieron - they returned

volvió - s/he returned

voy - I go

voz - voice

vuelvas - you return

Y

yeso - cast